Gedanken zum Auftanken

Gedanken zum Auftanken

herausgegeben von Matthias Gülzow
ausgewählt von Martin Dubberke

Wichern-Verlag

Diesem Buch liegt eine Sendereihe von Radio Paradiso 98,2 zugrunde.

© Wichern-Verlag GmbH, Berlin 2004
Satz: NagelSatz, Reutlingen
Umschlag: Dietmar Silber, wichern-design
unter Verwendung eines Fotos von creativ collection
Fotos: creativ collection
Druck und Verarbeitung: Bosch-Druck GmbH, Ergolding
ISBN 3-88981-162-0

Inhalt

Vorwort 7

Nimm dir Zeit 9
Was ist das Ziel? 11
Gelassenheit 13
Die Wahrheit vertragen 15
Alles hat seine Zeit 17
Wunderbare Weisheit 19
Wenn einem wirklich etwas am Herzen liegt 21
Ich bat um Reichtum 23
Helfende Hand aus dem Nichts 25
Wo Gott nicht wohnt 27
Gott sehen 29
Die drei Siebe 31
Still werden 33

Carpe Diem 35
Schluck für Schluck 37
Du bist Du 39
In einem anderen Licht 41
Ein Lächeln 43
Der Traum-Schrank 45
Wo Liebe ist 47
Das Leben 49
Herzensgüte überwindet den Tod 51
Wo Liebe neu geboren wird, wird das Leben neu geboren 53
Dankbarkeit 55
Die Liebe ist die Mitte von allem 57
Vater sein 59
Leitsystem 61

Autorenverzeichnis 63

Vorwort

Seit dem Sendestart von 98,2 Radio Paradiso am 12. Februar 1997 senden wir jede Stunde Gedanken zum Auftanken – kurze Momente zum Innehalten, zum Entspannen und zum Mut machen im hektischen Großstadtalltag. Als erster christlicher UKW-Hörfunksender in Deutschland mit einer eigenen 24 Stunden-Frequenz haben wir damit bald 70 000 Mal diese Gedanken Millionen von Menschen nahe gebracht. Und weil wir als privater Hörfunksender auf die Gunst möglichst vieler Hörerinnen und Hörer zum Überleben unmittelbar angewiesen sind, freut uns die enorm positive Resonanz ungemein. Täglich erreichen viele Anfragen unsere Hörerzentrale: „Was war das für ein Text? Können Sie mir den zusenden?" Und auch immer wieder kommt die Bitte: „Die Gedanken zum Auftanken als Buch – das wäre wunderbar." Schon seit Beginn mischen wir Texte aus der christlichen Tradition mit modernen, von eigenen Autoren verfassten Texten. Diese Vielfalt wollten wir in dem vorliegenden Band darstellen – und natürlich haben wir die beliebtesten Texte ausgewählt.

Ich wünsche Ihnen gute Gedanken beim Lesen und Genießen –

Ihr Matthias Gülzow

Nimm dir Zeit

Nimm dir Zeit zum Arbeiten –
es ist der Preis des Erfolges.

Nimm dir Zeit zum Denken –
es ist die Quelle der Kraft.

Nimm dir Zeit zum Spielen –
es ist das Geheimnis ewiger Jugend.

Nimm dir Zeit zum Lesen –
es ist der Brunnen der Weisheit.

Nimm dir Zeit zum Träumen –
es bringt dich den Sternen näher.

Nimm dir Zeit dich umzuschauen –
der Tag ist zu kurz, um selbstsüchtig zu sein.

Nimm dir Zeit zum Lachen –
es ist die Musik der Seele.

Nimm dir Zeit freundlich zu sein –
es ist der Weg zum Glück.

Nimm dir Zeit zu lieben und geliebt zu werden –
es ist der wahre Reichtum des Lebens.

Nach einem irischen Gebet

Was ist das Ziel?

Von seiner Frau hatte er sich schon vor Jahren getrennt. Kinder hatten beide keine. Da war es für ihn vollkommen normal gewesen, ganz und gar in seinem Job aufzugehen. Und jetzt hatte sein Big Boss signalisiert, dass eine weitere große Stufe auf der Karriereleiter auf ihn wartete. Doch irgendetwas in ihm sagte: „Nein, Nein!" Er konnte sich nicht erklären, warum er nicht mit Leib und Seele jauchzte. Es war der Job, der auf ihn wartete. Mit seinen gut vierzig Jahren war er doch nicht zu alt. Nun, wir machten uns auf die Suche.

Da waren wir schnell am Ziel. Der Chef hatte, ohne es zu ahnen, mit dem verlockenden Angebot an seinen Manager die Lebensfrage gestellt: „Sag mal, wofür lebst Du? Warum arbeitest Du so hart? Warum leidest Du? Sag mal: Warum? Was ist das Ziel?" Und da war Karrieremachen als Antwort auf einmal zu wenig. Und die Seele sagte: „Nein!" Sie wird im Leben dieses Mannes schon vorher oft Nein gesagt haben, aber er hatte es nicht gehört. Die Frage war nun, ob man mit dem Big Boss vielleicht reden könnte. Vielleicht wäre ein Jahr Pause gut oder zwei. Aber dann merkte er, dass er mit seinem Gewissen keine Kompromisse machen konnte. Er würde nicht nur leise „Nein" sagen, sondern irgendwann beim Big Boss unter vier Augen ganz laut, ganz klar „Nein!" sagen. Irgendetwas hatte ihn gerufen zu seinen Zielen. Passen Sie gut auf sich auf!

Jürgen Fliege

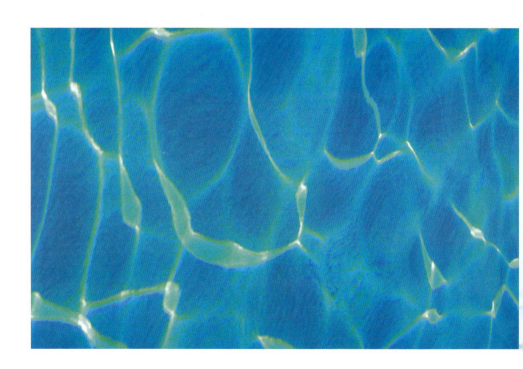

Gelassenheit

Gott gebe mir die Gelassenheit,
Dinge hinzunehmen, die ich nicht ändern kann;
den Mut, Dinge zu ändern, die ich ändern kann;
und die Weisheit, das eine vom anderen zu unterscheiden.

Friedrich Christoph Oetinger

Die Wahrheit vertragen

Ich halte täglich eine Gerichtsverhandlung bei mir ab. Ich überdenke meinen Tag und reflektiere in der Rückschau, was ich getan und gesagt habe. Nichts verberge ich mir und übergehe ich! Warum sollte ich auch meine Fehler fürchten? Da ich doch sagen kann: Sieh zu, dass du es nicht wieder tust, heute verzeih ich dir! Achte künftig nicht nur darauf, ob wahr ist, was du sagst, sondern ob auch der, dem es gesagt wird, die Wahrheit vertragen kann.

Nach Seneca

Alles hat seine Zeit

Ein jegliches hat seine Zeit, und alles Vorhaben unter dem Himmel hat seine Stunde:
geboren werden hat seine Zeit, sterben hat seine Zeit;
pflanzen hat seine Zeit, ausreißen, was gepflanzt ist, hat seine Zeit;
töten hat seine Zeit, heilen hat seine Zeit;
abbrechen hat seine Zeit, bauen hat seine Zeit;
weinen hat seine Zeit, lachen hat seine Zeit;
klagen hat seine Zeit, tanzen hat seine Zeit;
Steine wegwerfen hat seine Zeit, Steine sammeln hat seine Zeit;
herzen hat seine Zeit, aufhören zu herzen hat seine Zeit;
suchen hat seine Zeit, verlieren hat seine Zeit;
behalten hat seine Zeit, wegwerfen hat seine Zeit;
zerreißen hat seine Zeit, zunähen hat seine Zeit;
schweigen hat seine Zeit, reden hat seine Zeit;
lieben hat seine Zeit, hassen hat seine Zeit;
Streit hat seine Zeit, Friede hat seine Zeit.

Die Bibel, Prediger Salomo 3,1–8

Wunderbare Weisheit

Herr,
du weißt, dass ich von Tag zu Tag älter werde – und eines Tages alt. Bewahre mich vor dem Drang, bei jeder Gelegenheit etwas sagen zu müssen. Erlöse mich von der großen Leidenschaft, die Angelegenheiten anderer ordnen zu wollen. Lehre mich, nachdenklich und hilfreich, aber nicht beherrschend zu sein.

Mein umfangreiches Wissen sollte eigentlich nicht brachliegen, sondern weitergegeben werden. Aber du verstehst, Herr, dass ich mir ein paar Freunde erhalten möchte. Bewahre mich davor, endlos Einzelheiten aufzuzählen, ohne auf den Kern der Sache zu kommen.

Lehre mich schweigen über meine Krankheiten und Beschwerden. Sie nehmen zu, und die Lust, sie zu beschreiben, wächst von Jahr zu Jahr. Ich erflehe nicht die Gabe, Krankheitsschilderungen anderer mit Genuss zu lauschen. Aber lehre mich, sie wenigstens geduldig zu ertragen.

Lehre mich die wunderbare Weisheit, dass ich mich irren kann. Erhalte mich so liebenswert wie möglich. Ich möchte kein Griesgram sein, aber auch keine Heilige, denn mit ihnen lebt es sich so schwer.

Teresa von Avila

Wenn einem wirklich etwas am Herzen liegt

Wenn einem wirklich etwas am Herzen liegt, muss man es frei lassen.
Wenn es dann zurück kommt, weiß man, dass es einem für immer gehört.
Wenn es nicht zurück kommt, hat es einem sowieso nie gehört.

unbekannter Autor

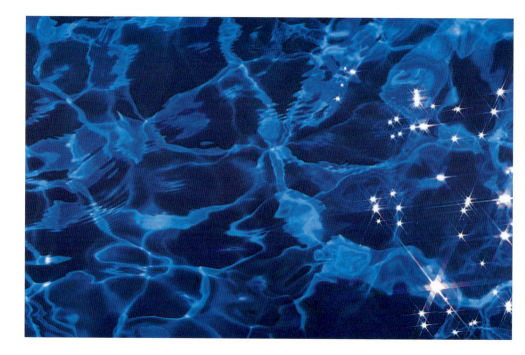

Ich bat um Reichtum

Ich bat um Reichtum,
um glücklich zu werden.
Ich erhielt ihn nicht und wurde weise.
Ich bat um Kraft, etwas zu leisten.
Ich erhielt sie nicht
und lernte, Gottes Hilfe zu suchen.
Ich erbat alles,
um mich des Lebens zu erfreuen.
Ich erhielt das Leben,
um mich an allem zu erfreuen.
Ich bekam wenig von dem, was ich erbat,
und doch alles, was ich erhofft hatte.

unbekannter Autor

Helfende Hand aus dem Nichts

Es gibt sie immer wieder. Tage, an denen fühl ich mich vollkommen allein, von der Welt verlassen, unverstanden, ausgebrannt! Nirgendwo scheint es eine helfende Hand zu geben oder jemanden, der mich versteht, der vielleicht Zeit hätte, sich meine Probleme anzuhören! Und wie froh bin ich dann immer wieder aufs Neue, dass dieser Schein trügt!

Die helfende Hand kommt meistens völlig aus dem Nichts. Erst gestern habe ich einen Freund getroffen, den ich seit Monaten nicht mehr gesehen habe, zu dem ich keinen Kontakt hatte. Auf einmal steht er auf der Straße vor mir und ist für mich da! Ohne auf die Uhr zu schauen! Eine dreiviertel Stunde haben wir uns unterhalten. Mir ging es danach besser, Glücksgefühle flammten in mir auf!

Das Glück ist: zu wissen, dass es IMMER eine helfende Hand gibt und ich sie nicht mal suchen muss!

Nadja Gontermann

Wo Gott nicht wohnt

Ein junger Mann kam zu einem Gelehrten und sagte:
„Ich gebe Ihnen hundert Mark,
wenn Sie mir sagen, wo Gott wohnt!"

Der Gelehrte antwortete:
„Und ich gebe Ihnen zweihundert Mark,
wenn Sie mir sagen, wo Gott nicht wohnt!"

unbekannter Autor

Gott sehen

Ein König, der Gott sehen wollte, drohte allen Weisen und Priestern schwerste Strafen an, falls es ihnen nicht gelänge, ihm Gott zu zeigen. Als alle schon verzweifelten, kam ein Hirte, der den König auf einen freien Platz führte, ihm die Sonne zeigte und sagte: „Sieh hin!" Sofort senkte der König geblendet den Kopf und rief: „Willst Du, dass ich erblinde?" „Aber König", sagte der Hirte, „die Sonne ist doch nur EIN Ding der Schöpfung, ein schwacher Abglanz seiner Größe. Wie willst Du ihn selbst aushalten können?"

Leo Tolstoi

Die drei Siebe

Aufgeregt kam jemand zu Sokrates gelaufen. „Höre, Sokrates, das muss ich dir erzählen, wie dein Freund …." „Halt ein!", unterbrach ihn der Weise, „hast du das, was du mir sagen willst, durch die drei Siebe geschüttelt?" „Drei Siebe?", fragte der andere voll Verwunderung. „Ja, mein Freund, drei Siebe! Lass sehen, ob das, was du mir erzählen willst, durch die drei Siebe hindurchgeht. Das erste Sieb ist die Wahrheit. Hast du alles, was du mir erzählen willst, geprüft, ob es wahr ist?" „Nein, ich hörte es erzählen und …" „So, so. Aber sicher hast du es mit dem zweiten Sieb geprüft, es ist das Sieb der Güte. Ist das, was du mir erzählen willst, wenn schon nicht als wahr erwiesen, wenigstens gut?" Zögernd sagte der andere: „Nein, das nicht, im Gegenteil …" „Dann", unterbrach ihn der Weise, „lass uns das dritte Sieb noch anwenden und lass uns fragen, ob es notwendig ist, mir das zu erzählen, was dich so erregt." „Notwendig nun nicht gerade …" „Also", lächelte Sokrates, „wenn das, was du mir erzählen willst, weder wahr noch gut noch notwendig ist, so lass es begraben sein und belaste dich und mich nicht damit!"

unbekannter Autor

Still werden

Als mein Gebet
immer andächtiger und innerlicher wurde,
da hatte ich immer weniger
und weniger zu sagen.
Zuletzt wurde ich ganz still.
Ich wurde,
was womöglich noch ein größerer
Gegensatz zum Reden ist,
ich wurde ein Hörer.
Ich meinte erst, Beten sei Reden.

Ich lernte aber,
dass Beten nicht bloß Schweigen ist,
sondern Hören.
So ist es:
Beten heißt nicht, sich selbst reden hören.
Beten heißt:
Still werden und still sein und warten,
bis der Betende Gott hört.

Sören Kierkegaard

Carpe Diem

„Carpe diem" - ergreife den Tag, nutze den Tag! Vielleicht erscheint Ihnen dieser Aufruf abgegriffen, zu oft gehört. In Geschenkeshops gibt es wahrscheinlich lustige Kaffeepötte mit diesem Motto. Und doch ist das scheinbar leichte „Nutze den Tag" eines der schwersten Dinge, die ich in meinem Leben lernen musste. Oder lernen muss, denn ich bin immer noch dabei! „Carpe diem" heißt nicht sorgenvoll in die Zukunft zu blicken, sondern jetzt und im Hier und Heute zu leben. Nicht tagelang Angst zu haben vor Besprechungen, Arztterminen oder Telefonaten, bei denen man jemanden enttäuschen muss, sondern erst dann daran zu denken, wenn der Termin ansteht! Schon hat man ein paar Sorgentage gespart.

Außerdem darf man auch ruhig mal annehmen, dass die Prüfung, das Gespräch, die Untersuchung glimpflich abläuft, positiv, gar nicht so schlimm - denn, seien wir mal ehrlich: Wie oft ist alles gut gegangen! Also: Nutzen Sie den Tag, erfreuen Sie sich an ihm!

Julia Nogli

Schluck für Schluck

Das Leben muss wie ein kostbarer Wein
mit gehörigen Unterbrechungen
Schluck für Schluck genossen werden.
Auch der beste Wein verliert allen Reiz,
wenn wir ihn wie Wasser hinunterschütten.

Ludwig Feuerbach

Du bist Du

Es gibt Tage, da bleibt kein Raum für Dich.
Mit Lärm und Hast umbraust Dich der Alltag.
Dein einziger Gedanke:
„Funktioniere, schnurre wie ein Rädchen im Winde!"

Du eilst von hier nach da,
und plötzlich bist Du an einer Haltestelle zum Warten verurteilt.
Nichts geht mehr, niemand sagt etwas.
Du ärgerst Dich über die vergeudete Zeit.
Greifst nach dem Handy:
„Niemand da."

Du stöhnst den Ärger raus.
Da lächelt Dich Dein Gegenüber an.
Und plötzlich spürst Du Dich selbst,
lächelst zurück.
Zum ersten Mal an diesem Tag funktionierst Du nicht, sondern bist Du Du.

Martin Dubberke

In einem anderen Licht

Menschen, die aus der Hoffnung leben, sehen weiter.
Menschen, die aus der Liebe leben, sehen tiefer.
Menschen, die aus dem Glauben leben, sehen alles in einem anderen Licht.

unbekannter Autor

Ein Lächeln

Ein Lächeln kostet nichts – und gibt doch so viel.
Es macht jene reich, denen es gilt –
ohne denjenigen ärmer zu machen, der es schenkt.
Es bedarf oft nur eines Augenblicks,
die Erinnerung daran kann jedoch ewig währen.

Ein Lächeln bringt Frohsinn ins Haus,
beflügelt im beruflichen Leben
und ist das Synonym für Freundschaft.

Es gibt Menschen, die sind zu müde zu einem Lächeln.
Schenke ihnen eins.
Denn niemand bedarf eines Lächelns mehr als der,
der keines zu verschenken hat.

unbekannter Autor

Der Traum-Schrank

Am Samstag war ich auf dem Trödelmarkt. Ich hab was Bestimmtes gesucht, es aber nicht gefunden. Dafür ist mir was Anderes in die Hände gefallen. In die Hände gefallen ist vielleicht falsch ausgedrückt, schließlich ist ein Schrank nicht gerade klein.
Ich habe ihn gesehen und mich sofort in ihn verliebt. Er ist ungefähr so groß wie ich, aber doppelt so breit. Er besteht aus ganz vielen Schubladen, die Schuhkarton-Größe haben. Ziemlich unpraktisch, aber schrecklich schön. Am Abend rief meine Oma an. Ich habe ihr gleich von dem Möbelstück erzählt und sie wusste sofort, was ich meine. So einen Schrank hatte ihre Tante auch. Jedes Mal, wenn meine Oma als Kind ihre Tante besucht hat, zauberte diese etwas aus einer der vielen Schubladen. Lauter Dinge, von denen kleine Mädchen träumen. Glaskugeln, bunte Vogelfedern, einen kleinen Ring … Seitdem nennt sie ihn den Traum-Schrank. Später hat sie ihre Träume und Wünsche auf kleine Zettel geschrieben und sie in die Schublade gelegt. Die meisten gingen in Erfüllung.
Am nächsten Tag bin ich noch mal zum Trödelmarkt gefahren. Der Schrank war noch da. Und in einem unbeobachteten Augenblick habe ich einen Zettel aus der Tasche gezogen und ihn in eine Schublade gesteckt. Ob mein Wunsch in Erfüllung geht? Ich bin mir sicher. Bei meiner Oma hat es ja auch geklappt.

Dorit-Friederike Becker

Wo Liebe ist

Wo Liebe ist und Weisheit,
da ist weder Furcht noch Ungewissheit;
wo Geduld und Demut,
weder Zorn noch Aufregung;
wo Armut und Freude,
nicht Habsucht und Geiz;
wo Ruhe und Besinnung,
nicht Zerstreutheit und Haltlosigkeit.

Wo die Furcht des Herrn
das Haus bewacht, findet der Feind
keine Gelegenheit einzudringen.

Und wo Erbarmen wohnt und Verstehen,
kennt man nicht Überfluss
und Verhärtung des Herzens.

Franz von Assisi

Das Leben

Beim Umzug habe ich ein altes Videoband von mir entdeckt. Muss von vor zehn Jahren gewesen sein. Auf dem Video habe ich Basketball gespielt. Kurz geschorene Haare und ein rotes Trikot. Damals hätte ich nie gedacht, dass ich einmal in Berlin leben werde und in der S-Bahn meine Frau Sabine kennen lerne. Jetzt erwarten wir unser erstes Kind und ich kann es kaum abwarten. Für Aufregung und Spannung im Leben machen manche Bungee-Jumping oder Abenteuerurlaub – mir reicht das Leben!

Thorsten Wittke

Herzensgüte überwindet den Tod

Eisen ist stark, doch es schmilzt im Feuer.
Feuer ist stark, doch Wasser löscht es.
Wasser ist stark, doch Wolken verwandeln es in Dunst.
Wolken sind stark, doch der Wind vertreibt sie.
Der Wind ist stark, doch der Mensch trotzt ihm.
Der Mensch ist stark, doch seine Ängste werfen ihn nieder.
Die Angst ist stark, doch der Schlaf vertreibt sie.
Der Schlaf ist stark, doch der Tod ist stärker.
Der Tod ist stark, doch die Herzensgüte überwindet den Tod.

Talmud

Wo Liebe neu geboren wird, wird das Leben neu geboren

Ein Vogel im Käfig weiß im Frühling sehr wohl, dass es etwas gibt, wozu er taugt, weiß sehr wohl, dass er etwas zu tun hat, aber kann es nicht tun, er prallt mit dem Flügel an die Stäbe des Käfigs. Und der Käfig bleibt, und der Vogel ist wahnsinnig vor Schmerz …
Weißt Du, was das Gefängnis zum Verschwinden bringt? Jede tiefe, ernste Zuneigung, Freund sein, Bruder sein, lieben – das öffnet das Gefängnis mit Herrschermacht, durch einen mächtigen Zauber.
Wer aber das nicht hat, der bleibt im Tod.
Aber da, wo Liebe neu geboren wird, wird das Leben neu geboren.

Vincent van Gogh

Dankbarkeit

Ein größeres Haus, ein neueres Auto, schickere Klamotten und exklusivere Reisen … Wie oft schielt man doch neidisch auf das, was andere haben und man selbst nicht. Also, ICH tue das jedenfalls oft genug. Dabei fallen mir, ohne groß überlegen zu müssen, 1000 Dinge ein, für die ich dankbar sein kann: Ich bin gesund, ich habe eine großartige Familie, tolle Freunde, ein Dach über dem Kopf, genug zu essen. Wer braucht da ein größeres Haus und ein neueres Auto? Also … ich nicht mehr. Ich habe meine Medizin gegen den Neid gerade genommen. Und diese Medizin heißt DANKBARKEIT.

Simone Panteleit

Die Liebe ist die Mitte von allem

Die Liebe ist die Mitte von allem: im Menschen wie im Wirken Gottes. Und von der Mitte her breitet sie sich aus wie eine Flamme.
Wer sich die Liebe ganz zu eigen macht, der wird in keiner Richtung fehlgehen. Denn die Liebe ist in der Mitte von allem. Sie übertreibt und vernachlässigt nichts, sie weicht nicht aus und verliert nichts. Sie ist und bleibt der Kern unseres Daseins. Sie ist die Seele und das Auge. Sie rundet den Lauf der Welt und verwirklicht das Gute.

Hildegard von Bingen

Vater sein

Vater werden ist nicht schwer, Vater sein dagegen sehr. Als Vater spüre ich: Es fehlt uns heute einfach an Vorbildern für gute Väter. Und dann wünsche ich mir manchmal, dass wir Vätern und auch Gott so vertrauen können, wie der kleine Junge in der Geschichte, die bei uns früher gerne am Lagerfeuer erzählt wurde. Da geht es um eine Fischersfamilie in England im vergangenen Jahrhundert.

Um seinen knappen Lohn ein bisschen aufzubessern, nahm der Fischer häufig Gäste mit an Bord des kleinen Fischkutters – und auch sein kleiner Sohn war immer mit von der Partie. Eines Tages geraten sie auf offener See in einen schweren Sturm. Meterhohe Wellen schlagen über dem kleinen Kutter zusammen, das Holz ächzt und knarrt, das Schiff wird hin und her geworfen. Den Gästen ist nicht nur furchtbar übel – sie denken auch, ihr letztes Stündlein habe geschlagen. Einige beten leise, andere jammern laut ... und mitten in dem Chaos sitzt der kleine Fischersjunge und spielt seelenruhig mit ein paar Tauen. Und als sie ihn fragen: „Kleiner, hast Du denn keine Angst?", blickt er sie verständnislos an: „Angst? Wieso? Mein Vater steht am Ruder."

Matthias Gülzow

Leitsystem

Im Urlaub in Frankreich haben wir sie richtig schätzen gelernt. Jetzt sag ich auch schon „sie". Dabei handelt es sich bei der Satelliten-Navigation ja eigentlich um eine Computerstimme – aber in meinem System im Auto ist die Stimme eben weiblich. Und so hatte sie auch sofort ihren Spitznamen weg: Die „Navi" sagen meine Töchter ganz persönlich zu ihr. „Fahr doch mal falsch, mal sehen, was die Navi dann macht", betteln meine Kinder manchmal. Aber die Navi ist clever. „Wenn möglich bitte wenden", kommt sofort.

Im letzten Winkel eines französischen Dorfes kam hin und wieder der Satz: „Sie verlassen das digitalisierte Gebiet."

Irgendwo hab ich das schon mal gehört. Genau: In Wim Wenders Film „Bis ans Ende der Welt". Hauptdarstellerin Claire sagt zu ihrer Navi, die sie geradeaus führen will: „Ich bieg jetzt trotzdem ab." Darauf die Stimme aus dem Lautsprecher: „Du bist ab sofort für alles, was du tust, selbst verantwortlich."

Eine Navi ist eine feine Sache und manche verwechseln Gott mit einem Navigationssystem. Da ist ja auch was dran. Gott gibt Orientierung. Es gibt Wegstrecken, auf denen er mich sicher führt, wenn ich ihn lasse. Aber das Schönste ist: Wenn ich mich verfahren habe in meinem Leben, dann kommt mein Navi und bietet mir eine neue Route an.

Günter Mahler

Autorenverzeichnis

Franz von Assisi (ca. 1181–1226), Mystiker und Prediger
Teresa von Avila (1515–1582), spanische Mystikerin
Hildegard von Bingen (1098–1179), Mystikerin
Dorit-Friederike Becker, Moderatorin, Germanistik- und Theologiestudentin
Martin Dubberke, Theologe und Mediaberater
Ludwig Feuerbach (1804–1872), Philosoph
Jürgen Fliege, Fernsehpfarrer
Vincent van Gogh (1853–1890), niederländischer Maler
Nadja Gontermann, Moderatorin
Matthias Gülzow, Diplompsychologe, Geschäftsführer und Programmdirektor
Sören Kierkegaard (1813–1855), dänischer Philosoph und Schriftsteller
Günter Mahler, Pfarrer, Redakteur
Julia Nogli, Nachrichten-Redakteurin
Friedrich Christoph Oetinger (1702–1782), Theosoph
Simone Panteleit, Chefmoderatorin
Lucius Annaeus Seneca (ca. 4. v. Chr.), römischer Philosoph
Leo Tolstoi (1828–1910), russischer Schriftsteller
Thorsten Wittke, Diplompsychologe, Chefredakteur und Morgenmoderator